多様な性の
ありかたを知ろう
わたしらしく、LGBTQ

ロバート・ロディ、ローラ・ロス 著
上田勢子 訳
監修 LGBT法連合会

①

大月書店

"*LIVING PROUD! GROWING UP LGBTQ: UNDERSTANDING SEXUAL ORIENTATION AND GENDER IDENTITY*"
by Robert Rodi and Laura Ross. Foreword by Kevin Jennings Founder, GLSEN (the Gay, Lesbian & Straight Education Network)
Copyright © 2017 by Mason Crest, an imprint of National Highlights, Inc. Japanese translation rights arranged through Seiko Uyeda.

Picture credits: 8, pkline/iStock; 11, Herkie/ Wikimedia Commons; 12, Sean Buck/Fotolia; 15, Zakir Hossain Chowdhury/ZUMA Press/Newscom; 17, Wikimedia Commons; 20, czarny_bez/iStock; 23, Stephen Sweet/Fotolia; 24, MultipleParent/Wikimedia Commons; 25, Ingo Wagner/EPA/Newscom; 26, de ingenium—design/Fotolia; 28, Oliver Stollman/Wikimedia Commons; 30, HultonArchive/iStock; 32, Ahavelaar/Dreamstime; 34, Carl Mikoy/Wikimedia Commons; 36, Dmitry Bokov/Fotolia; 38, Lindsay Douglas/Dreamstime; 40, Terry Schmitt/UPI/Newscom; 43, Patsy Lynch/Polaris/Newscom; 47, LightLock/iStock; 48, Pekic/ iStock

このシリーズについて

ケヴィン・ジェニングス
GLSEN（ゲイ・レズビアン・ストレートのための教育ネットワーク）設立者
アーカス財団エグゼクティブディレクター

　子どものころ、わたしは図書館が大好きでした。わたしたち家族は、ノースカロライナ州の小さな町ルーイスビルの、砂利道のわきに停めたトレーラーハウスに住んでいましたが、毎週土曜日になると、母の運転する車で大きな街の図書館へ行くのが、なによりの楽しみでした。街の中心部にある図書館で、棚にたくさん並んだ本を読みながら至福の時をすごし、両手にかかえきれないほどの本を借りて帰りました。つぎの土曜に、また図書館へ行くのをとても楽しみにしながら、借りてきた本を1週間かけて読みふけったものです。図書館の本はわたしに、実にたくさんの世界を見せてくれました。

　でも、同性愛の話はどこにもありませんでした。

　それでもわたしは、同性愛にかかわる本をいくつか見つけることができました。1970年代はまだ同性愛者にとって暗黒時代でしたが、テネシー・ウィリアムズや三島由紀夫、ゴア・ヴィダルといった作家たちに、なんとかたどりつくことができました。こうした偉大な作家たちの名作を読むことで、世の中にはわたし以外にも同性愛者がいることを確信しましたが、そこに描かれた同性愛の登場人物はかならずしも幸福とはいえず、わたしの将来に希望をあたえてくれるものではありませんでした。

なにもないよりましとはいえ、肯定的というにはほど遠かったのです。当時のわたしは、ひとりぼっちで、この世界からのけものにされたような気持ちでした。そうして高校2年のとき、ついに自死をはかったのです。

わたしが高校を卒業した1981年から、いまに至る35年のあいだに、LGBT（レズビアン、ゲイ、バイセクシュアル、トランスジェンダー）をとりまく環境は大きく変わりました。1988年にわたしが生徒たちと一緒に創設したGSA（ゲイ・ストレート同盟）というクラブ活動は、いまではアメリカ全土の学校に広がっています。LGBTであることを公言している著名人や、LGBTをテーマにした番組を、テレビなどであたりまえに目にするようになりました。オレゴン州知事はバイセクシュアルであることに誇りをもっていますし、アメリカの連邦議会にも何人ものゲイやレズビアン、バイセクシュアルの議員がいます。2015年には、アメリカの全州で同性婚が合法化されたことを祝い、ホワイトハウスがレインボーカラーにライトアップされました。なんという進歩でしょう！

では、これほどの進歩をとげた現在、なぜこのシリーズが必要なのでしょうか？

なぜなら、GLSENの調査によれば、

＊LGBTの子どもの3分の2以上が、学校でLGBTを差別する言葉を日常的に耳にしている。
＊LGBTの子どもの60％以上が学校を安全な場所と感じられずにいる。

また、アメリカ疾病管理予防センターの報告によれば、

＊LGBTの子どもの自死や自死未遂は、そうでない子どもの4倍にものぼるといわれているからなのです。

わたしは現在、アーカス財団というLGBTの権利のために財政支援をおこなう世界最大の団体のディレクターとして世界数十か国で活動して

いますが、まだまだ道のりは遠いと感じています。70か国以上でいまだに同性愛を犯罪とみなす法律があり、そのうちの8か国では死刑になることもあります。状況は改善されたとはいえ、すっかりよくなったとはいえないのです。とくに、図書館には、みなさんのような若い読者にあわせたLGBTについての本がまだまだ必要です。LGBTの若者の多くがいだく孤立感をいやすためにも、LGBTでない若者の多くがいだく偏見や無知をなくしていくためにも。そうした無知が、現在もアメリカや他の国ぐにおいて、社会をむしばむ憎しみと暴力を助長しているのです。

　そうした状況を変え、多くの若い命を救うために、このシリーズが必要とされています。あらゆる性的指向や性自認をもつ若者たちに、年齢にふさわしい正確な情報を提供することは、それぞれがLGBTという経験の複雑さを理解する手助けとなります。LGBTの若者たちは、この本の中に自分を見いだし、希望に満ちた将来を描くことができるはずです。わたしが子どもだった1970年代に、このシリーズが近所の図書館にあれば、きっとわたしの人生を変えていたでしょう。この本がそれと同じくらい大きなインパクトを、現代の子どもや若者にもあたえるとわたしは確信します。そして、若者だけでなく、すべての年代の読者にこのシリーズをおすすめします。

GLSEN

GLSEN（グリッスン＝ゲイ・レズビアン・ストレートのための教育ネットワーク）は、あらゆる生徒にとって安全で肯定的な学校環境の確保をめざす先進的な全米教育機関です。GLSENは、ちがいを肯定的に受けとめ、より活き活きとした多様なコミュニティの形成につながるような学校環境づくりをめざしています。

わたしらしく、LGBTQ ①　多様な性のありかたを知ろう　**もくじ**

このシリーズについて　3

1　性的指向と性自認 …………………………………… 9
性別役割　12
トランスジェンダー　13
もっと知りたい！　インターセックス（DSD）　16
同性愛　16

2　同性愛は生まれつきか ……………………………… 21
遺伝ってなに？　22
遺伝学と同性愛　23
もっと知りたい！　動物界にもある同性愛　25
胎児期に受ける影響　26
同性愛は生まれつき？　28

3　心理学による説明 …………………………………… 31
「精神障害」とされた同性愛　33
もっと知りたい！　同性愛者を「治す」セラピーを否定した
　　　　　　　　　アメリカ心理学会　35
絡みあう要因　36

4　こういう話が大切なわけ〜LGBTの生きる権利 ……… 41
同性愛と法的な権利　44
宗教と同性愛の葛藤　45
【もっと知りたい！】同性愛者を受け入れたキリスト教会　46
大切なのは愛　46

用語集　50
さくいん　55

LGBTQって？

L：レズビアン（女性を好きになる女性）
G：ゲイ（男性を好きになる男性）
B：バイセクシュアル（両方の性別を好きになる、または相手の性別にこだわらない人）
T：トランスジェンダー（身体の性別に違和感があり、別の性として生きたいと望む人）
Q：クエスチョニング（性自認や性的指向を模索中の人）または
クィア（規範的異性愛以外のあらゆるセクシュアリティ）

こうした多様な性のありかたを総称して「LGBT」または「LGBTQ」とよびます。本文ではおもに「LGBT」としていますが、意味はほぼ同じです。

この本に出てくるマークについて

たしかめよう それぞれの章で学んだことを確認するための質問です。答えに迷ったら、もう一度本文に戻って復習しましょう。

キーワード解説 それぞれの章のポイントとなる言葉の説明を、章のはじめにまとめています。はじめに読んでおけば、内容がよりよく理解できます。

用語集 このシリーズに出てくる用語の解説を、巻末にまとめて載せています。もっと詳しい本や記事を読んだり理解したりするのに役立ちます。

チャレンジしよう それぞれの章で学んだことについて、もっと深く調べたり、考えてみたりする手がかりとして、身近で取り組める課題を提案しています。

もっと知りたい！ 新しい知識や視点、多様な可能性、幅広い見方を提供してくれる情報をコラムとして本文中にちりばめました。こうした情報を組み合わせることで、より現実的でバランスのとれた見方ができるようになります。

外見からだけでは、
その人の性的指向や性自認は
わかりません。

1 性的指向と性自認

 キーワード解説

特性：目の色や性など、個人のもっている特徴。

ジェンダー：男らしい・女らしい、どちらともちがうなど、身体の性別にもとづいて社会が決める性別のこと。

性自認：生まれたときにあたえられた性にかかわらず、その人自身が自分を女性と思うか、男性と思うかなどの自己イメージ。性同一性ともいう。

性的指向：ある人が肉体的・感情的にどの性に惹かれるか。ことなる性に惹かれる（異性愛）、同じ性に惹かれる（同性愛）、両方の性に惹かれる（バイセクシュアル）、どの性にも惹かれない（アセクシュアル）などがある。

ホルモン：からだの中でつくられ、生理学的機能を調整する化学物質。ひげがはえたり、胸がふくらんだりといった雌雄の特性もホルモン作用によって起こる。

同性愛は、生まれつきなのでしょうか。それとも、幼いころの経験によってそうなるのでしょうか。同性愛の要因はなんなのでしょうか。

この問いに答える前に、いくつかの重要な言葉と概念を理解しておきましょう。まず、もっとも基本的な言葉からはじめましょう。「同性愛」という言葉は、厳密にはどういう意味なのでしょうか。

　同性愛は、英語の「ホモセクシュアリティ」の訳語です。ホモはギリシア語で「同じ」という意味、セクシュアリティは古代ラテン語で「メスかオスか」を意味します。つまり、かんたんに言えば「ホモセクシュアリティ」とは「同じ性」という意味なのです。この言葉は1800年代中ごろまでは知られていませんでしたが、近代になって「ある性（男性または女性）の人が、同じ性の人に感情的にも肉体的にも惹かれる」という意味で使われはじめました。いっぽう「ゲイ」という言葉は、科学用語ではありませんが、同性愛の人の多くが自分たちをさすときに好んで使う言葉です。

　LGBTの人もそうでない人も、みんな同じように赤ちゃんとして生まれます。病院の新生児室のガラス窓の向こうにいるのは、次世代となる赤ちゃんたちです。大きい子もいれば小さい子もいます。ピンク色の肌の子もいれば茶色の肌の子もいます。さまざまな赤ちゃんが泣いたり眠ったり、なかにはまわりをちょっと見まわしている子もいますね。一人ひとりが生まれた瞬間から特別な、世界にただ一人の個人なのです。でも、新生児室の赤ちゃんを見れば、すぐに気づくことがあるでしょう。（少なくともアメリカでは）その子が男の子か女の子かがすぐにわかるような、なにかが目につくはずです。そう、男の子は青い帽子、女の子はピンクの帽子をかぶせられているのです。

　わたしたちの文化では、青は男の子の色、ピンクは女の子の色とされてきました。欧米ではそれが伝統的に性別（ジェンダー）を示す色なのです。赤ちゃんが分娩室で生まれた直後に（それどころか最近は、おなかの中にいるときから超音波写真などで）、性器をちょっと見ただけで、そ

生まれたばかりの赤ちゃんなのに、周囲の人はすでに、割りあてられた性別（ジェンダー）にもとづいてその子の性質を推測しはじめます。

の子が男か女かが識別されてしまいます。お母さんが出産した後、最初に耳にするのは、たいてい「おめでとうございます！　男の子ですよ！」あるいは「女の子ですよ！」という言葉です。これは見た目による、もっとも単純な性の見分けかたです。赤ちゃんの性器の外見によって生物学的な性差を判断しているのです。

　生殖（子どもをつくること）にはオスとメスが必要ですから、性は基本的な生物学的**特性**のひとつと考えられます。動物の世界では、成熟したオスの体内でつくられた精子が、成熟したメスの体内の卵子を受精させることによって、メスの胎内で新しい命が育っていきます。みなさんは、そんなことはとっくに知っていますよね。

赤ちゃんのころから伝統的な性別区分にそった服が着せられることがよくあります。でも、この赤ちゃんは将来、ピンクのフリルのついた洋服はいっさい着たくない、と思うかもしれません。

性別役割

　男の子と女の子のちがいは、生まれたときからあると思われています。「男の子らしい」言動や「女の子らしい」言動というものは、実際は国によっても時代によってもことなるものですが、ステレオタイプ〔型にはまった見方、偏見〕というのはつねにあるのです。たとえば、女性は男性よりやさしく、感情的で繊細だとされます。人の世話や子どもを育てるのに向いていると思われています。小さいころはお姫さまのかっこうをしたり、お人形で遊んだりするのが好きで、大きくなっても「かわいい」ものが好きだとされます。いっぽう男性は、女性より荒っぽくてがまん強く、すぐ泣いたりしないと期待されています。スポーツで競うことや、どろんこになるのが好きで、大きく、強くなりたいと願って成長

します。このようにして、ほとんどの子どもは、親や先生、まわりの大人から、男女によってことなる「あるべき」言動を期待されています。そして、それに見合った行動をすることでほめられるのです。「やっぱり男の子ねえ（わんぱくでもしかたない）」といわれるように。逆に、「男らしい」ふるまいをしない男の子は「女々しい」とからかわれ、荒っぽい遊びが好きな女の子は「男まさり」「おてんば」などといわれます。

　期待される性別役割〔これを**ジェンダー**ともいいます〕をすんなり受け入れられる人もいますが、それを居ごこち悪く感じる人もいます。近年では男女平等がすすみ、そのために性別役割も昔ほど厳格なものではなくなりました。男女ともに、昔のような厳しい性別役割にしばられず、自由に行動できるようになりました。人がジェンダーをどのように経験するかは、かつて考えられていたよりもずっと複雑だということを、現代の文化は少しずつ認識するようになったのです。あえて言うなら、生まれたとき定められた性別が、他人からはいかに「自然に」見えようと、その人自身にしっくりくるとはかぎらないのです。

トランスジェンダー

　生物学的な性が、その人の**性自認**と同じとはかぎりません。LGBTのための世界最大の政治団体であるヒューマンライツ・キャンペーン（HRC）によると、成年人口のおよそ100人に1人が、生まれたときに定められた性別役割や身体の特性に違和感をもっているそうです。こうした人を「トランスジェンダー」といいます。トランスジェンダーとして成長することには、しばしば大きな困難がともないます。

　マーティは、生まれたときに女の子とみなされましたが、トランスジェンダーの男性です。「自分のからだがしっくりきたことは一度もなかった」と言います。「無理やりドレスを着せられたり、"女の子らしい"

ことをさせられたりした。でも、覚えているかぎり小さいときから、自分が男の子だと知っていた。とにかく、わかっていたんだ」

　マーティは、いつもほかの男の子たちと一緒にすごしたがり、スポーツで競いあったり大工道具で工作をしたりといった"男の子らしい"ことをしたがりました。

「軍隊を出てから、100％の男性として生活しはじめたんだ。そして、25歳でホルモン治療をはじめた。ひげがはえはじめたときはほんとうにうれしかったな！　治療のあいだずっと、セラピストとトランスジェンダーの支援グループが支えてくれたよ」

　ホルモン治療に加えて、性別適合手術を受ける人もいます。でも、長期にわたり何度も手術を受けなくてはならないので、とてもお金がかかります。また、法的に名前と性別を変える手続きをとる人もいます。

　マーティは、自分自身がずっと感じていたように男性に近づくために、身体的に性別を移行する手術のうち最初の二つを受けました。そして、つぎの手術のためにお金をためています。医療保険によっては、性別適合治療を適用対象として認めているところもありますが、まだまだ遠い道のりです。

「あきらめなくてはならないものも、たくさんありました。親戚には、ぼくがもう『マーサ』〔女の子の名前〕でないことを受け入れたがらない人もいるし、トランスジェンダーであることが原因で失った友だちもいる。でも、ぼくはぼくなんだ。もうこれ以上、まちがったからだに閉じこめられていたくないんです」

インドやバングラディシュ、パキスタンには、男性として生まれた後に女性としての性自認を選んだ「ヒジュラ」とよばれる人びとがいます。ヒジュラの人たちは一般社会に受け入れられていますが、まだ差別や偏見もあります。

> **もっと知りたい！ インターセックス（DSD）**
>
> およそ1000人に1人の割合で、外性器や体内の生殖器を見ても、女性か男性かがはっきりしない赤ちゃんが生まれます。こうした人をインターセックス*といいます。過去には、医師の判断で（ときには親の承諾もないまま）、赤ちゃんがどちらのジェンダーに育っていくかもわからないのに、インターセックスの赤ちゃんを「正常化」する手術をすることがありました。まだ小さいときにこうした手術をうけたり、医師や親の判断で男女どちらかの性別を「割りあてられた」子どもが、成長してからジェンダーが混乱したり、性自認に深刻な悩みをかかえることがあります。北米インターセックス協会は、本人が告知を受けて性別を選択する権利や、医師や親への啓発、困難をかかえるインターセックスの人びとへの支援といった活動をしています。インターセックスの人のなかには、「典型的な」女性や男性という枠から外れていても、幸せで満足な生活を送っている人がたくさんいます。
>
> ＊現在の日本では医学的に「性分化疾患」とよばれ、当事者のなかにはDSD（Differences in Sexual Development＝身体の性別の多様な発達形態）というよびかたをする人も増えています。DSDをもつ人は、身体の性に医療的な課題があるものの、大多数は異性愛の男女で、「中間の性」や「性別がない」人は少数です。（監修者）

同性愛

　自分の性とことなる性（異性）にではなく、同じ性の人に性的に惹かれる人は「同性愛者」とよばれます。

　世界の大多数の人が異性愛者（ことなる性の人に性的に惹かれる人）である理由は、はっきりしています。もしも異性に惹かれ、性行為をし、子どもをつくりたいという欲求が、ほとんどの人に自然に起きなかったら、人類はとっくの昔に滅んでいたでしょう！　それなら、どうして人

リリー・エルビーははじめて性別確認（適合）手術を受けた人のひとりです。1882年にデンマークで生まれ、男の子とされましたが、1930年にドイツにわたっていくつもの実験的な手術を受けました。子どもを産みたいと願った彼女は、5回目の子宮移植手術の合併症によって1931年に亡くなりました。

類のなかで相当数の人が同性愛者なのでしょう？　同性に惹かれても、赤ちゃんができることはないのに。

　この「どうして？」という疑問に、明白な答えはありません。

　同性愛はなぜ生まれるのかという問題は、「先天的か、後天的か」という、科学の世界での長年にわたる論争のひとつでもあります。すなわち、目や髪の色などの先天的な特性と同じように、同性愛は「生まれつき」なのでしょうか？　それとも、性的指向は育ちかたや環境によって決まる、後天的な特性なのでしょうか？

　育ちかたが原因で同性愛者になるという「後天説」は、科学的な研究によって否定されているにもかかわらず、LGBTを攻撃しようとする人のなかには、いまでもこの説を持ち出す人がいます。さらには、LGBTは当人の選択だと言う人までいるのです。こうした考えは、まちがっているだけでなく、人を傷つけかねない危険なものです。「先天的か、後天的か」の論争は、なぜそれほど重要なのでしょうか？　それは、LGBTの人びとが、完全に平等な人権や、社会的な承認のために現在でもたたかい続けていることと深くかかわるからです。同時にそれは、わたしたちが同性愛であれストレート（異性愛）であれ、バイセクシュアルであれアセクシュアル（性愛感情をとくにもたない人）であれ、またトランスジェンダーや、あるいはまだ性自認を模索中（クエスチョニング）であれ、自分を理解したいという欲求の核心にある問いでもあります。

?? たしかめよう

- 生物学的な性とジェンダーは、ちがうものでしょうか？
- 性自認とジェンダーは、ちがうものでしょうか？
- 伝統的な性別役割は、なぜ、どのように定まったのでしょうか？
- 「先天的か、後天的か」の論争とは、どういうものでしょうか？

! チャレンジしよう

- 自分のきょうだいや、小さいころの友だちのことを考えてみよう。伝統的な性別役割をすんなり受け入れていた人、逆（ぎゃく）に、受け入れるのに苦労していた人がいたかどうか思い出してみよう。
- トランスジェンダーの治療に適用される医療保険について調べてみよう。保険が適用されるのは、どんな治療だろうか。
- 性自認を決めているもののリストをつくってみよう。さらに、性的指向を決めるものについてもリスト化してみよう。そして、二つのリストに共通点があるか考えてみよう。

親が一人でも、両親が同性二人でも、異性二人でも、子どもは適応して、幸せに育つことができます。

2
同性愛は生まれつきか

 キーワード解説

遺伝子：目の色のような、人や生き物の生物学的な特性を決める因子。細胞の中の染色体に含まれるDNAとよばれる物質の配列によって決定される。

先天的：外見でわかるかどうかを問わず、ある特性が、生まれたときからその人に備わっていること。

確証：ある疑問に対する、疑う余地のない証拠をともなった、最終的な解答。

理論：研究や実験、証拠にもとづいた考えや説明。

仮説：ある事実を合理的に説明するために立てる仮の説明。

胎児期：母親のおなかの中で赤ちゃんが育つ期間。通常は10か月とされている。

　同性愛の人は、生まれつき同性愛なのでしょうか？　同性愛の**遺伝子**はあるのでしょうか？　同性の人に惹かれる根本には生物学的な原因があるのでしょうか？　同性愛の人はストレート（異性愛者）と生物学的に「ちがって」いるのでしょうか？　これらは「先天的か、後天的か」

の論争のなかで、おもに先天説を支持する科学者によって長年研究されてきた問題です。

遺伝学とは、生物学的な特性の遺伝についての学問で、生殖によって親から子どもに受けつがれる身体的その他の先天的な特性についての研究です。まずはそのしくみを見てみましょう。

遺伝ってなに？

遺伝の基礎となるのは遺伝子です。遺伝子とは、染色体とよばれる遺伝物質の中の、ミクロの分子の配列です。男性の精子と女性の卵子には、それぞれ23の染色体があります。卵子が受精して受胎すると、たがいの染色体が一緒になり、固有の組み合わせになります。赤ちゃんの生物学的な特性を決める遺伝子は、その子の生物学的な両親から、ちょうど半分ずつ受け継ぐのです。遺伝子の組み合わせは（一卵性双生児の場合をのぞいては）受胎のつどちがっているので、赤ちゃんが両親から受け継ぐ特性も、そのつどちがいます。

同じ両親から生まれるきょうだいは、同じ遺伝子を受け継ぎますが、その組み合わせかたは無限にあります。したがって、きょうだいはよく似た特性をもつこともあれば、まったくちがうこともあるのです。ただし、一卵性双生児（ふたご）の場合は、ひとつの受精卵から生まれ、46の染色体の組み合わせも同じなので、遺伝子的にまったく同一です。ということは、もしも同性愛になる遺伝子があるとしたら（あるいは、同性愛者特有の遺伝子の組み合わせがあるとしたら）、一卵性のふたごは同じ性的指向をもつことになるはずです。このことから、科学者たちは一卵性双生児の研究に大きな興味をいだいてきたのです。

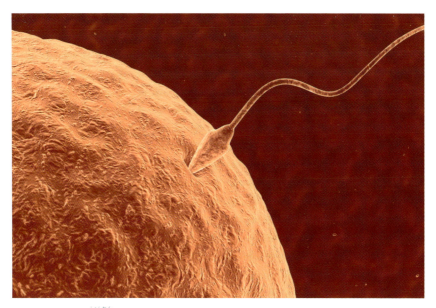

卵子が受精した瞬間に、わたしたちの生物学的特性の多くが決まります。

遺伝学と同性愛

　アメリカ合衆国ノースウェスタン大学の心理学者マイケル・ベイリーと、ボストン大学医学部の精神科医リチャード・ピラードの有名な研究によれば、一卵性双生児の男の子のうち一人が同性愛者（ゲイ）なら、もう一人も52％の確率で同性愛者だということです。二卵性〔遺伝子の組み合わせがことなる〕双生児の場合では、この確率が27％になります。多くのレズビアンのふたごを対象にした研究でも、同様の結果が出ています（一卵性双生児で48％、二卵性双生児では16％）。ほかの学者による双生児の研究も、この結果を支持しています。つまり、性的指向には、なんらかのかたちで遺伝がかかわっていると考えられるということです。

　科学者は、同じ親族のなかに同性愛者がどれだけいるかにも目を向けました。ある親族に、ほかよりも同性愛が多く見られることを示した研

ふたごは多くの同じ特性をもつことがありますが、大きくちがっていることもあります。特性が決まるのには、遺伝子や環境など、さまざまな要因があるのです。

究もあります。また、ゲイ男性の母方のいとこのほうが、無作為に選んだ親族よりも、同性愛者の確率が高いことから、「同性愛の遺伝子」が母方に受け継がれている可能性があることを、この研究は示しました。

　こうした双生児や親族に関する研究は、まだまだ確証にまでは至っていませんが、同性愛には少なくとも一定程度——おそらくはかなりの程度——遺伝子の影響があることを示しています。遺伝学者たちは、現在もこの問題の研究を続けていて、証明できる日も近いと考える人もいます。

もっと知りたい！　動物界にもある同性愛

　同性愛は人間だけのものではなく、動物界全体に見られます。1500近くの種で同性間の性行動が観察され、500以上の種について詳しい記録があります。コクチョウ、マガモ、ペンギン、サル、ゾウ、キリン、ヒツジ、ハイエナ、トカゲから、ミバエ（ハエの一種）にまで同性間の性行動が見られるのです！

　オスどうしの性行動は、ときに相手を支配する目的でおこなわれることもありますが、通常はフレンドリーな、遊びのような行為です。ヒツジのうち８％に同性を好む傾向がみられます。同性のペンギンが一生のあいだつがいとなり、ときには親のいない赤ちゃんを一緒に育てることもあります。研究者のピーター・ボックマンはこう述べています。「ウニのようにまったく性行為をしない種をのぞけば、同性間の性行動がまったく見られない種は、いまのところ見つかっていません」同性愛を敵視する人はよく「同性愛は自然に反する」と言いますが、どうやらそれは、自然界には当てはまらないようです！

オスどうしで一緒にくらし、生涯同じ相手とつがいになるペンギンがいることも知られています。

2　同性愛は生まれつきか

胎児期に受ける影響

　とはいっても、いまだに「同性愛の遺伝子」というものは見つかっていません。かりに同性愛が遺伝的な特性ではないとしても、それ以外にも生物学的な説明によって、同性愛の原因をつきとめようとする理論があります。それは、赤ちゃんが10か月かけて母親の胎内で育つ環境に目を向けた仮説です。

　この理論によれば、胎児期の性ホルモンの量は、母親の妊娠期間中に変化することがあり、母親の健康状態や環境が、胎児の発達に影響をあたえることがあります。また、それによって特定の遺伝子が「オン」に

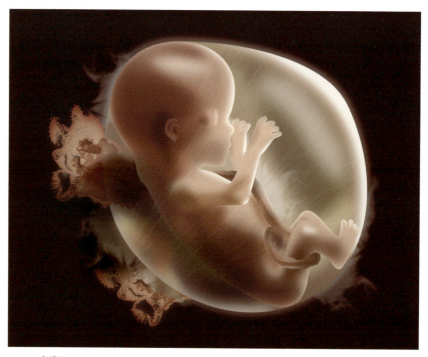

母親の胎内のホルモン量が、生まれる前の赤ちゃんの発達に関係しているかもしれません。

なったり「オフ」になったりすると考えられています。同性愛の要因を研究する科学者が、胎児期に注目する理由は、性的指向とは無関係な生物学的特性のいくつかが、異性愛の人よりも同性愛の人によく見られるという事実からです。そうした研究結果のいくつかを紹介しましょう。

- ゲイの男性は、異性愛の男性より左利きの確率が約31％高く、レズビアンの女性では、異性愛の女性よりも91％（ほぼ2倍）左利きが多い。
- ゲイの男性のほとんどと異性愛の女性は、右脳より左脳が大きく、逆に、レズビアンの女性と異性愛の男性では、右脳のほうが大きい。
- ゲイの男性は、異性愛の男性より言語能力のテストで高い得点を示す傾向がある。レズビアンの女性は、空間認識能力（三次元の空間における物体の状態や関係を認識する力）テストで異性愛の女性より高く、異性愛の男性と同レベルの得点を示す傾向がある。
- ゲイの男性と異性愛の女性では、人差し指と薬指の長さが同じくらいだが、異性愛の男性とレズビアンの女性では、人差し指のほうが長いことが多いとされる。

こうした研究結果には、まだまだ確証はありませんが、脳の大きさや指の長さのちがいのような発見は、赤ちゃんが胎内でふれる男性ホルモンの量に関係している可能性があります。女の赤ちゃんが妊娠中のある時期に大量の男性ホルモンにふれると、成長してからレズビアンになる可能性が高く、男の赤ちゃんが男性ホルモンにふれる量が少ないと、成長してからゲイになる可能性が高いのかもしれません。

同性愛は生まれつき？

　しかし、だからといって、レズビアンの女性のほうが異性愛の男性に近く、ゲイの男性のほうが異性愛の女性に近いというような、単純な話ではありません。たとえば昔、ゲイの男性を「もっと男らしく」しようと男性ホルモンを大量に投与した実験がありましたが、失敗に終わりました。大量の男性ホルモンを投与しても、その人の性的指向は変わらないまま、性欲だけが増すという結果になりました。

　これまで示したような、ふたごや親族の研究、そして同性愛者に多く

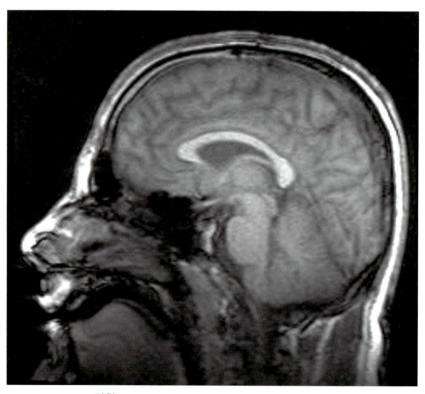

性的指向には脳の構造が大きく関係していると考える科学者もいます。

見られる身体的特性の研究から結論できることはなんでしょうか。同性愛にはなんらかの生物学的要因があることが、証明まではいかなくとも、強く示されていると言えそうです。ロンドン大学で生物学を教えるカジ・ラーマン博士は、前で述べた左右の脳の大きさの研究をした人ですが、自分の研究についてこう述べています。「わたしの知りうるかぎり、論争の余地はない。同性愛の人は生まれつき同性愛なのです」

たしかめよう

- 一卵性双生児の一方がゲイの場合、もう一方もそうである確率はどれくらいでしょう。
- 二卵性双生児の一方がゲイの場合、もう一方もそうである確率はどれくらいでしょう。
- ゲイの男性に男性ホルモンを投与する実験によって、行動にどんな影響が見られたでしょうか。

チャレンジしよう

- 同性愛の要因についてのさまざまな仮説をインターネットで調べてみよう。
- 性的指向と遺伝的要因の関係について書かれた、最近の研究論文を読んでみよう。

性自認や性的指向は、
育ちかたによって
決まるわけではありません。

3 心理学による説明

> **キーワード解説**
>
> **心理学者、精神科医**：どちらも、人間の精神や行動を研究したり、治療したりする専門家。ただし、精神科医は医師だが、心理学者は医師ではない。
>
> **疾患、障害**：精神や身体の不具合。
>
> **介入**：人びとの考えかたや行動を変えることを手助けするための、系統だてた試み。
>
> **ステレオタイプ（固定観念）**：ある人を、その人個人としてではなく、その人が帰属する集団についての先入観（かれらはこうふるまうだろうという思いこみ）で判断すること。

同性愛の要因を後天的なものにもとめる議論とかかわりが深いのが、心理学です。心理学は、人間の精神と行動を研究する非常に複雑な科学です。**心理学者**や**精神科医**たちは、長年にわたり、性的指向が生物学的要因よりも、心理的な要因によるものだという仮説にもとづいて研究をおこなってきました。

LGBTのカップルも結婚して、希望すれば子どもを持つこともできます。

「精神障害」とされた同性愛

　人間の精神についての科学的な研究がおこなわれるようになってから、まだ100年あまりしかたっていません。この研究の創始者の一人として有名なオーストリアの精神科医ジークムント・フロイト（1856-1939年）は、すべての人間は基本的に両性愛（バイセクシュアル）であって、大人になってからの同性愛か異性愛かという性的指向は、おもに幼児期の体験によって決まると信じていました。つまりフロイトは、同性愛も人間の通常の性行動の一種だと考えたのです。しかし、彼が確立しようとした精神医学が、この考えに追いつくには長い年月が必要でした。

　20世紀のほとんどを通じて、心理学者や精神科医の大多数は、同性愛を深刻な精神疾患に分類し、同性愛者は病気であり異常な存在だとみなしていました。〔キリスト教の〕教会や法律が、ゲイやレズビアンの人を抑圧することを医学も支持してきたのです。すなわち、同性愛は神に背く罪であり、犯罪とされただけでなく、病気だとも考えられたのです。何千人もの同性愛者が精神病院に入れられ、注射やホルモン投与、電気ショック、ときには脳の手術さえ、治療という名のもとにおこなわれました。このような時代にLGBTの人が、孤独だとか、幸福そうでないとか、自殺願望があると医者から診断されることが多かったのは無理もないでしょう。

　長年にわたって、おおぜいの同性愛の男女がつらい心理的治療を受けてきました。医師たちは、同性愛は深刻な病であり、「治さないかぎり」決して幸せな人生を送ることはできないと、かれらに言ったのです。歴史家でゲイ権利活動家のマーティン・ドゥーバマンは、『治療という名の、あるゲイ男性の長い旅』という著書で、彼自身が同性愛を受容するための模索のなかで体験した、精神医学の専門家たちへの深い失望をつづっています。こうした悲しい物語は、1950年代に多くの人が経験した

20世紀の半ばになっても、同性愛者が無理やり精神病院に入れられることがありました。これはニューヨーク州のベルビュー精神病院です。アメリカ精神医学会が精神疾患のリストから同性愛を外したのは1973年になってからでした。

ものでした。

　同性愛を病気として「治療」していた暗黒時代は、1960年代に入ってようやく変わりはじめました。1973年にはアメリカ精神医学会が、高まりつつあったLGBT解放運動の圧力を受けて、同性愛を精神疾患ではないと認め、世界中の医療関係者が診断の基準にする手引書『精神障害の診断と統計マニュアル』(DSM-Ⅱ) から「同性愛」の項目を外したのです。これは記念すべき年でした。

　現在、LGBTの人たちのほとんどは、かつて自分たちを誤解し苦しめた精神医学会を恨むこともなく、実際、多くのLGBTの人がメンタルヘ

ルスの分野で働くようになっています。また、より多くのLGBTの人たちが、前向きで有用な心理療法(しんりりょうほう)を受けられるようになりました。

LGBTを精神疾患と考える科学者はほとんどいなくなりましたが、それでも「なぜ」一定の割合(わりあい)の人が同性愛者になるかは、人間の行動を研究する人びとにとって現在も興味深(きょうみぶか)い課題です。

 もっと知りたい！　同性愛者を「治す」セラピーを否定(ひてい)したアメリカ心理学会

2009年のアメリカ心理学会の会議において、ある声明が出されました。メンタルヘルスの専門家が、同性愛の患者(かんじゃ)に対し、心理療法などの治療によって「異性愛者になれる」と言うべきでない、というものです。この決議はこの学会の運営審議会(うんえいしんぎかい)で125対4で採択(さいたく)され、これによってアメリカ心理学会は、一部でおこなわれていた同性愛者に対する「修復療法(しゅうふくりょうほう)」や「転向療法(てんこうりょうほう)」とよばれるセラピーを否定したのです。この治療は、ゲイやレズビアンの性的指向は変更(へんこう)できると主張(しゅちょう)する（多くは宗教的(しゅうきょうてき)に保守派(ほしゅは)の)少数のセラピストがいまだに続けていたものでした。この声明はそれに対抗(こう)し、「同性愛者の性的指向を治療によって変更できるという確(かく)たる根拠(こんきょ)はない」と述(の)べたのです。

さらに、この学会は、そのような変化を強(し)いるのはむしろ危険(きけん)で、うつ症状や希死念慮(きしねんりょ)〔死にたいと思うこと〕の原因(げんいん)になりうる、とする研究も示(しめ)しました。そして、セラピストは、患者が自分の性的指向とキリスト教の信仰(しんこう)との衝突(しょうとつ)に悩(なや)んでいる場合、精神的に安定した生活を送るために、性的関係をもたないことを選んだり、別の教会に移(うつ)ったりといった多様な選択肢(せんたくし)を示すことを提言(ていげん)しています。アメリカ心理学会は、過去(かこ)にも同性愛への「修復」療法を批判したことがありましたが、今回は6名の委員が、1960年代以降(いこう)に患者の性的指向の変更を試みたとする83件の研究を検証(けんしょう)して、その決議にさらに重みをもたせました。

3　心理学による説明　35

絡みあう要因

　この20年のあいだに、LGBTの当事者たちも、そして多くの科学者たちも、こうした単純化された理論による説明を退けるようになりました。多くのゲイやレズビアンの人がカミングアウトすることを通じて、母親に甘やかされた「女々しい」男の子とか、「男みたいな」女の子が同性愛者になるといった古くさい**ステレオタイプ**では、現実の多様なLGBTの人びとや、その実生活の体験をひとくくりにできるものではないことを、自分たち自身で理解し、周囲のストレート（異性愛者）の友だちや家族にも伝えてきたのです。

子どもがどんなおもちゃが好きかは、その子の性的指向とはまったく関係がありません。

ゲイ男性の多くは「女々しい男」とはいえませんし、父親と仲がよく、強い絆（きずな）で結ばれた人もおおぜいいます。またレズビアンの多くは、子どものころに性別役割（せいべつやくわり）に関する葛藤（かっとう）はなかったといいます。（逆（ぎゃく）にいえば、男らしくない男性でも異性愛者として幸せな人はたくさんいますし、「おてんば娘（むすめ）」の多くが成長してからは異性に熱烈（ねつれつ）に惹（ひ）かれるようになります。）

　21世紀の現在、誇り高く生きるLGBTの人びとは、「女っぽい男」や「男みたいな女」といった、いまだに根強い同性愛者へのステレオタイプに、自信をもって「ちがう」と言えます。それに、もっと重要なのは、自分が「女っぽい男」や「男みたいな女」であるならば、それを持って生まれた特性として受けとめ、ありのままにふるまっていいのだということです。

　「女々しい男の子」、あるいは「男まさりな女の子」で何がいけないのでしょうか？　それがその子にとって自然なことなら、親が無理にそれを直そうとする必要があるのでしょうか。

　どうして同性愛の人が一定の数いるのかについて、明確（めいかく）な心理学的な説明はありません。幼児期の体験や、家族との関係が性的指向に影響（えいきょう）することもあるかもしれませんが、人間の行動のほとんどは、精神（心）と脳の両方にかかわる、いわば心理学と生物学が組みあわさった複雑（ふくざつ）なもので、それを切り離（はな）して考えることは不可能です。結局のところ、ほんとうの問いとは、「同性愛の要因がどこにあるかが、なぜそれほど重要なの？　それがどうしたというの？」ということです。

だれもがありのままの自分として、
幸せで有意義な人生を送ることができます。

❓ たしかめよう

- フロイトは同性愛の要因をどのように説明しましたか？
- アメリカ精神医学会が、同性愛を精神疾患のリストから外したのは何年のことだったでしょうか？
- 「男っぽい」女性や、「女っぽい」男性は、みんな同性愛者だと思いますか？

❗ チャレンジしよう

- LGBTに関する正しい情報を掲載(けいさい)しているウェブサイトで、性的指向や同性愛についてどう書いてあるか調べてみよう。

◆日本語のおすすめサイト：

ハートをつなごう学校　http://heartschool.jp/lgbt/qa/

LGBT家族と友人をつなぐ会　http://lgbt-family.or.jp/learning/basic

- 図書館の本やウェブサイトで、日本のLGBTの人びとの自分史やインタビューを探して読んでみよう。

◆おすすめサイト：

NPO法人バブリング「カミングアウトストーリー」

http://npobr.net/category/comingout_story

LGBTER（エルジービーター）

http://lgbter.jp/interview/

◆参考になる本：

原ミナ汰・土肥いつき編著『にじ色の本棚　LGBTブックガイド』（三一書房）

2015年、アメリカ最高裁の画期的な判決によって、同性どうしの結婚が法律で認められ、LGBTの人びとへの偏見や差別を克服する大きな一歩となりました。

4
こういう話が大切なわけ
～LGBTの生きる権利～

 キーワード解説

アライ：LGBTの人びとと同じ側に立って支援する人。
マジョリティ：支配的な集団に属する人びと。多数派。
マイノリティ：支配的な集団の配下にいる人びと。少数派。
認知：人がある状況を感知し、認識すること。
社会的地位：ほかとの比較にもとづいた、人の立場やものごとの位置。
社会的承認：人びとの大多数から重要と認められ、支持を得ること。
反対：ものごとに異議を唱えること。
保守派：社会の変化や、新しい考えかたに警戒心や抵抗感のある人びと。

　同性愛は、先まれつきか育ちか？　この問いについて、遺伝学や生物学、心理学による説明などを見てきました。その結果、同性愛の要因についての明白な答えはないことがわかったことでしょう。LGBTのコミュニティ以外では、いまだに「同性愛は個人の選択だ」と主張する人も

いますが、当事者に「なぜ自分がゲイになったのだと思いますか？」とたずねれば、特定の「原因」などありえないことに気づくはずです。おそらく同性愛の人のほとんどは、小さいころ、まだ「ゲイ」や「レズビアン」という言葉も聞いたことがないころから、自分がまわりと「ちがっている」ことを知っていたのです。ほとんどの当事者は、同性愛は生まれつきだと確信しています。なぜなら、自分が「同性愛者であること」は、かれら自身にとって自然かつ根本的なことだと感じてきたからです。同性愛者になることを「選ぶ」などというのは、想像さえできない人がほとんどです。あなた自身にたずねてみてください。「異性愛の人たちは、異性愛になることを自分で選んだのだと思いますか？」

　ひとつはっきりしていることは、目の色と同じように、性的指向はその人の根本にかかわるものだということです（そして、目の色は自分で選べませんよね）。

　だとすれば、「なぜ人は異性愛になるのか」と問わないのに、「なぜ人は同性愛になるのか」を問うのは、どうしてなのでしょう？

　近年になってやっと、LGBTの人たち自身の社会運動や、**アライ**の支援を受けて、LGBTの人たちが法的権利や平等を得て、社会に受け入れられるようになってきました。それでも、LGBTが大多数の人に対して少数派（**マイノリティ**）であるかぎり困難はなくなりません。自由主義社会における政府のもっとも重要な責任のひとつは、少数派のグループが多数派（**マジョリティ**）から抑圧されないように守ることですが、現在はゲイやレズビアンの人びとがストレートの人とまったく同じ権利をもっているわけではありません。たとえば、性的指向を理由に仕事を解雇されることを禁止する法律はありませんし、アメリカでも州によっては同性カップルが養子をとることが認められていません。また、アメリカの軍隊に、同性愛者であることを表明して入隊できるようになったの

アメリカでは、ゲイやレズビアンの人びとが性的指向を公表して兵役につくためのたたかいが大きく前進しました。この写真は2015年度にアメリカ国防総省で開かれた「LGBTプライド月間」式典のプログラムです〔バラク・オバマ大統領の名前で「自由と平等を前進させた勝利を祝って」との言葉がある〕。このとき国防長官は基調演説で、ゲイやレズビアンの軍人を差別から守るとはじめて約束しました。これにより、性的指向による差別は人種、宗教、性別、出身国による差別への対処と同じ部署で調査されることになったのです〔その後2016年に国防総省はトランスジェンダーの人びとに対する入隊規制を撤廃し、トランスジェンダーの人たちもオープンに兵役につくことができるようになりました─訳者〕。

は、つい最近のことです。これらはすべて、ストレートの人にとっては当然の権利なのに。さらに言えば、アメリカでは、LGBTはほかのさまざまなマイノリティ集団〔肌の色や宗教など〕とちがい、法廷によって

4 こういう話が大切なわけ 〜LGBTの生きる権利 43

合法的に認められた権利が、一般市民の投票によってくつがえされるという、不条理な立場に立たされています。

同性愛と法的な権利

　もしも、アメリカの最高裁で、黒人〔アフリカ系アメリカ人〕に認められた選挙権が、多数派である白人の投票によって取り消されたらどうでしょうか？　あるいは、世界中の金髪と茶髪の人が投票をして、「赤毛の人は結婚して子どもをつくってはいけない」と決めたらどうでしょう？　もし、あなたの権利が多数派の投票によって取り消されたら、どう思うでしょうか？

　LGBTの人たちが、法の下の平等を勝ちとるために、これほど苦労してきた理由のひとつに、マイノリティ集団としてのLGBTの社会的地位をどうみなすかという、多数派側（科学者から、一般市民までを含む）の認知の問題があります。現在の社会において、あるマイノリティ集団が多数派（マジョリティ）と同等の権利をもつことを当然とみなされるためには、かれらのマイノリティである理由が「生まれ持ったもの」であることが条件となるようです。言いかえれば、「個人のせいではない」ということです。たしかに、わたしたちは自分の肌の色や民族的な背景〔出自〕を選んで生まれてくるわけではありませんから。

　アフリカ系の親から生まれた子どもの多くは、肌の色によって身体的に識別することができます。しかし、LGBTは目に見えないマイノリティです。外見や話しかたや行動によって、LGBTと認識することはできません（もちろん、お決まりのステレオタイプで同性愛者を見わけることができると言い張る人もいますが）。ゲイやレズビアンの人は、たいていは「多数派」である異性愛の両親のもとに生まれ、同性愛者であることを表明するかしないかは、その人しだいです。もしも、同性愛者であるこ

とが、先天的な遺伝や生物学的な特性によるものだと証明されれば、同性愛者の人びとがマイノリティとしての地位にあることは社会的承認を得るでしょう。

　同性愛が生まれつきのものだとしたら、法律を守り、きちんと税金も納めているLGBTの人たちに、同じ市民として法の下で平等の権利があたえられるべきなのは明らかで、多数派である異性愛の人も、それに異議をとなえることはできないはずです。そうだとすれば、これは純粋に社会的公正（フェアネス）の問題です。

　しかし、かりに生物学的な根拠がはっきりしなくても、公平であることに価値をおく社会において、だれかを傷つけるわけでもなく、プライベートで、きわめて個人的な行為を理由に、特定の人びとの権利を剝奪することを正当化できるはずがありません。ですから、生物学的な根拠ほど強固ではなくても、心理学的な根拠だけでも、LGBTは（マジョリティはもちろんのこと）ほかのマイノリティ集団と同等に、すべての法的権利を認められるべきマイノリティ集団だと言えるのです。

宗教と同性愛の葛藤

　LGBTの人びとの対等な権利にもっとも強く反対しているのは、保守的な宗教や政治団体です。科学者や、ほとんどの当事者たちが否定しているにもかかわらず、かれらはいまだに同性愛は「個人の選択」だと主張しています。キリスト教の保守派にとって、同性どうしのパートナー関係は神に背く重罪であり、同性愛者は罪人だとされます。こうした宗教系団体が、地域や州、国などのそれぞれのレベルで、LGBTの人たちの権利に反対しています。そして、信仰との葛藤に苦しむ同性愛者の性的指向を変えさせようと、「同性愛を克服する」ための有害な心理指導を受けさせているのです。

もっと知りたい！　同性愛者を受け入れたキリスト教会

　LGBTの人権に反対する宗教系団体は、よく旧約聖書レビ記20章13節の、男どうしの性関係は「忌むべきこと」という一節を引用します。これに対抗する反証のなかでも、もっとも明確なのは、アメリカの法律は聖書にもとづくものではないということです。さらに強力な反証は、キリスト教そのものが思いやりと「ちがいを包みこむこと」を説いていること、そして、性的指向が生まれつきのものだという説がより有力になってきたことでしょう。

　公民権運動家でもある、英国国教会南部アフリカ聖公会のデズモンド・ツツ大主教はこんな名言を残しています。「（同性愛者を）拒絶し、社会から疎外し、教会から追い出すことは、かれらの洗礼と、われわれ自身の洗礼を否定することです。かれらもまた神の子であることに疑いをかけるのは、神への究極の冒瀆といえます。個人では左右できないことが明らかになってきたこと〔性的指向〕について、わたしたちはかれらを責めているのですから」

大切なのは愛

　結局のところ、同性愛の原因探しは、どうでもいいことです。同性愛とは、その人がだれを愛するかということでしかありません。その人のもっとも個人的かつプライベートな選択に、たとえ同意できなくても、その人の幸福を否定する権利など、だれにもありません。社会の多数派とされる人びとが、LGBTの人たちのライフスタイルを「認めない」からといって、国がかれらの法的権利と市民権を否定してよいのでしょうか？

　これこそが、21世紀のわたしたちが考えるべき問いです。LGBTの人たちがますますオープンに、誇りをもって豊かな生活を送り、そして、

デズモンド・ツツ大主教は、LGBTの人びとを、みなと同じく「神の子」としてあたたかく迎（むか）えようと、教会と信者たちに広く語りかけました。

4　こういう話が大切なわけ　〜LGBTの生きる権利　47

かれらの友人や家族たちが、かれらをありのままに愛し尊重していくなら、わたしたちすべての個人の自由と幸福追求権の未来は明るいものになるでしょう。なんと言おうと、「愛はすべてに勝つ」のですから。

二人の関係の現実は、他人の意見に左右されるべきではありません。どこで生まれたものであれ、愛は愛なのです。

❓ たしかめよう

- LGBTの人びとと、ほかのマイノリティ集団の大きなちがいとはなんでしょうか。
- LGBTの人びとが、人権のためにこれほどたたかわなくてはならなかったのは、なぜだと思いますか？
- LGBTの人びとの人権を抑圧しようとする人たちが使うおもな理屈(りくつ)は、どんなものでしょう？

❗ チャレンジしよう

- 身近な人に、自分の性的指向や性自認が「個人の選択」だと思うかどうかをたずねてみよう。「個人の選択ではない」と答えた人には、もし性的指向を選べたなら、いまの性的指向を選んだかどうか聞いてみよう。
- 自分の住んでいる地域にある、LGBTに関する法律や条例(じょうれい)を調べてみよう。住まいの契約(けいやく)や就職(しゅうしょく)、養子縁組(ようしえんぐみ)などについて、規制(きせい)はあるだろうか。

📖 用語集

あ行

アイデンティティ（identity）
ある個人や集団が、自分自身をどのように定義し理解するか。

あいまい（ambiguous）
はっきりせず混乱していること。

アクティビスト（activist）
社会的な活動や個人的な活動を通して、社会に変化をもたらそうとする人びと。

悪魔化（demonize）
人やものごとを邪悪なものとして描くこと。

アドボカシー（advocacy）
社会的な少数派など、特定の集団の人権を守るために行動し、主張すること。

アライ（allie）
LGBTの人びとと同じ側に立って支援する人。

遺伝子（gene）
目の色のように、人や生き物の生物学的な特性を決める因子。細胞の中の染色体に含まれるDNAとよばれる物質の配列によって決定される。

逸脱（deviation）
異常なこと。一般に「ふつう」とされる状態から外れること。

医療過誤（malpractice）
知識や注意の不足によるものか、わざとかを問わず、医師や医療専門家が誤った助言や治療をすること。

いんちき療法（quackery）
医療の資格を持たない人が、医師や専門家のふりをして助言したり治療をしたりすること。やぶ医者。

右翼、右派（the right）
政治や宗教において、社会変革や新しい考えに反対する立場。「保守派」と共通することが多い。

LGBT（Q）
レズビアン、ゲイ、バイセクシュアル、トランスジェンダーの頭文字をとった総称。「クエスチョニング」（自分の性自認や性的指向を模索中）や「クィア」（規範的異性愛以外のすべてのセクシュアリティを指す）の頭文字「Q」を加えてLGBTQと言うこともある。

エンパワー（empower）
だれかに強さや活力をあたえ、その人が自信をもてるようにはげます行為。

女っぽい（effeminate）
女性的とされる特性を男性がもつこと。

か行

介入(intervention)
人びとの考えかたや行動を変えることを手助けするための、系統だてた試み。

解放(liberation)
抑圧や迫害から解き放たれ自由になること。

過激主義者(extremist)
政治や宗教において、極端で乱暴な方法をとることを好む人や集団。

カミングアウト(coming out)
LGBTの人が、自分の性的指向や性自認を他の人に公表して生活することを「カミングアウト」という。いっぽう、その人の意思に反して性的指向や性自認を公表されることを「アウティング」という。

慣習(custom)
社会のなかで一般に通用し受け入れられている考えかたや行動。

寛容(tolerance)
お互いのちがいを認め、敬意をはらうこと。

戯画(化)(caricature)
ある人物の特徴を大げさに描くこと。

共感(empathy)
だれかの立場になってその人の気持ちを想像し、思いを寄せること。

草の根(grassroots)
政治的な行動などが、国や世界といった大きな規模よりも、地域など身近なレベルからはじまること。

クローゼット(closeted)
LGBTの人が、自分の性的指向や性自認を隠すことをいう。

ゲイ解放運動(gay liberation)
同性愛者の平等な市民権と法的な権利をもとめる運動。1950年代にはじまり、1960年代後半から70年代にかけて、社会的・政治的な変革をうながす大きな影響力をもった。

さ行

差別(discrimination)
性的指向や性自認、肌の色、民族、宗教その他の要因を理由に、他の人とちがう〔不利な〕あつかいを受けること。

ジェンダー(gender)
男らしい・女らしい、どちらともちがうなど、身体の性別にもとづいて社会が決める性別のこと。

シスジェンダー(cisgender)
生まれたとき診断された性別と自分の性自認が同じ人。トランスジェンダーの反対語。

市民権、公民権(civil rights)
法の下に個人の自由と政治的な自由を保障される、市民としての権利。

社会的権威(the establishment)
社会のなかで影響力や権力をもつ立場にいる人びと。

社会的排除(marginalize)
ある人を社会の中でわきに追いやり、他と同等にあつかわないこと。

心理学者、精神科医(psychologist / psychiatrist)
どちらも、人間の精神や行動を研究したり、治療したりする専門家。ただし、精神科医は医師であり薬を処方することができる。心理学者は医師ではなく、対話によるセラピーをおこなう。

推測(assumption)
たしかな証拠にもとづかずに導かれた結論。

スティグマ(stigma)
恥ずべきことだというレッテルを貼ること。烙印。

ステレオタイプ(stereotype)
固定観念。ある人を判断するとき、その人が属する特定の集団に対する考えかたにもとづいて（多くの場合、不公平な見方で）評価すること。

スペクトラム(spectrum)
連続体。幅広く多様であること。

性自認(gender identity)
生まれたときにあたえられた性がなんであれ、その人自身が自分を女性と思うか、男性と思うかなどの自己イメージ。性同一性ともいう。

性的指向(sexual orientation)
ある人が肉体的・感情的にどの性に惹かれるか。ことなる性に惹かれる（異性愛）、同じ性に惹かれる（同性愛）、両方の性に惹かれる（バイセクシュアル）、どの性にも惹かれない（アセクシュアル）などがある。

性別役割(gender role)
ある文化の中で、男性・女性のそれぞれにとって適切だと考えられる行動や特徴。

染色体(chromosome)
遺伝子がミクロの糸状になったもの。細胞の中にあり、性別をはじめ生物のあらゆる特性を決定する情報を運ぶ。

先天的(inborn)
外見でわかるかどうかを問わず、ある特性が生まれたときからその人に備わっていること。

先入観(prejudice)
ある人や集団に対する、たしかな知識にもとづかない（多くの場合、否定的な）思いこみ。

疎外(alienation)
ほかの人や社会から、自分が外れていたり距離があるという感覚をもつこと。

た行

タブー(taboo)
宗教や社会の規範のなかで、してはいけないとされていること。禁忌。

多様性(diversity)
さまざまな背景や特徴をもった人びとによって集団や地域社会が構成されていること。

中傷(epithet)
だれかをおとしめるような、侮辱的な言葉や物言い。

匿名(anonymous)
自分の名前を知らせず、だれかわからないようにすること。

トラウマ(trauma)
強い衝撃を受けて、長く残る心の傷。心的外傷ともいう。

トランスジェンダー(transgender)
自分の性を、生まれたときに割りあてられた性別とことなる性と感じる人。

な行

内分泌科医(endocrinologist)
ホルモンの病気や障害の治療を専門とする医師。

内面化(internalized)
たとえば、自分に対する否定的な意見を信じてしまうといった場合、その人は他者の意見を「内面化している」という。

二元論(binary)
ものごとを二つの対でとらえ、二通りしかないとする考えかた。

二項対立(dichotomy)
二つの対立する集団に分かれること。

は行

バイアス(bias)
客観的で公平であることのさまたげとなる、特定の見方や考えかたに偏りがちな傾向や志向。

パイオニア(pioneers)
新しいことや新しい生きかたに最初に挑戦する人びと。先駆者。

排斥(ostracize)
ある集団からだれかを追い出すこと。

バックラッシュ(backlash)
社会や政治の進展に対して反発する、大勢の人による対抗的な行動。

ハラスメント(harassment)
からかい、いじめ、身体的な脅しなど、継続しておこなわれるいやがらせ。

侮蔑(derogatory)
相手の価値をおとしめたり、恥をかかせたりすることを目的とした、批判的で冷酷な言動。

ヘイトクライム(hate crime)
その人の人種や信仰、性的指向や性自認といった特徴を理由におこなわれる攻撃や違法行為。憎悪犯罪ともいう。

ペルソナ(persona)
外的人格。演じられたキャラクターや人格。

偏見、偏狭(bigotry)
自分とことなる宗教や信念、外見、民族的な背景などに対する理解がなく、がんこなまでに不寛容であること。

包摂(的)(inclusive)
あらゆる考えやものの見方を想定でき、包みこめること。

保守派(conservative)
社会の変化や、新しい考えかたに警戒心や抵抗感のある人びと。

ホモフォビア(homophobia)
同性愛者への恐怖や嫌悪、憎しみ。同様にトランスジェンダーに対する恐怖や嫌悪は「トランスフォビア」という。

ホルモン(hormone)
からだの中でつくられ、生理学的機能を調整する化学物質。ひげがはえたり、胸がふくらんだりといった雌雄の特性もホルモン作用によって起こる。

ま行

マイノリティ(minority)
支配的な集団の配下にいる人びと。少数派。

マジョリティ(majority)
支配的な集団に属する人びと。多数派。

メインストリーム(mainstream)
多数派の中で容認され、理解され、支持されていること。主流派。

メンター(mentor)
自分より若い人を支援したり、教え導いたりする人のこと。師、師匠。

や行

抑圧(oppress)
個人や集団を、下位の立場におしとどめること。

ら行

リベラル(liberal)
新しい考えに耳を傾け、進歩的で、他者の考えやライフスタイルを受け入れ支援する人。

理論(theory)
研究や実験、証拠にもとづいた考えや説明。

論争(的)(controversy)
意見が衝突し、緊張や強い反応を引き起こしやすい、やっかいな問題。

さくいん

あ行
アメリカ心理学会　35
アメリカ精神医学会　34, 39
遺伝学　22-24, 41
遺伝子　21-24, 26
インターセックス（DSD）　16
うつ　35
LGBT解放運動　34
おてんば　13, 37

か行
教会　33, 35, 46-47
キリスト教　33, 45-46
軍隊（兵役）　14, 42-43
ゲイ　4, 10, 23-24, 27-29, 30, 33, 35-37, 42-44
ゲイ・レズビアン・ストレートのための教育ネットワーク（GLSEN）　3-5
権利　4, 33, 41-46
後天的　18-19, 21, 31
公民権　46

さ行
ジェンダー　9-13, 16, 19
市民権　46
宗教　43, 45-46
出産　11
人権　18, 46, 49
心理学者　23, 31, 33, 35
ステレオタイプ　12, 31, 36-37, 44
性器　10-11, 16
性自認　5, 7, 8-9, 13, 15-16, 18-19, 30
生物学的な性　11, 13, 19
性別適合手術　14, 17

性別役割　12-13, 19, 37
精神障害　33-34
精神障害の診断と統計マニュアル（DSM）　34
セラピー　35
染色体　21-22
先天的　18-19, 21-22, 45

た行
同性愛　3, 5, 9-10, 16, 18, 21-29, 31, 33-35, 37, 39, 41-42, 44-46
同性婚　4, 32, 40
トランスジェンダー　4, 7, 13-14, 18-19, 43

な行
妊娠　26-27

は行
バイセクシュアル　4, 7, 9, 18, 33
ヒューマンライツ・キャンペーン（HRC）　13
フロイト　33, 39
偏見　5, 12, 15, 40
保守（派）　35, 41, 45
ホルモン　9, 14, 26-29, 33

ま行
マーティン・ドゥーバマン　33
女々しい　13, 36-37
メンタルヘルス　34-35

や行
抑圧　33, 42, 49

ら行
リリー・エルビー　17
レズビアン　4, 7, 23, 27-28, 33, 35-37, 42-44

著者
ロバート・ロディ（Robert Rodi）
米国シカゴ在住の作家、ライター、パフォーマー。LGBTをテーマにした多くの物語や評論などを発信している。

ローラ・ロス（Laura Ross）
ライター、編集者。ニューヨークで30年以上にわたり出版にたずさわってきた。

訳者
上田 勢子（うえだ せいこ）
翻訳家。1979年より米国カリフォルニア州在住。現在まで約90冊の児童書・一般書の翻訳を手がける。主な訳書に『学校のトラブル解決』全7巻、『わかって私のハンディキャップ』全6巻（ともに大月書店）ほか。

日本語版監修
LGBT法連合会
（正式名称：性的指向および性自認等により困難を抱えている当事者等に対する法整備のための全国連合会）

性的指向および性自認等により困難をかかえる当事者等に対する法整備をめざし、約60の団体等により構成される連合体。教育、公共サービス、雇用などさまざまな分野において、性的指向や性自認にもとづく差別をなくすための「LGBT差別禁止法」の制定を求めている。
http://lgbtetc.jp/

わたしらしく、LGBTQ ①
多様な性のありかたを知ろう

2017年1月20日　第1刷発行

著　者　ロバート・ロディ、ローラ・ロス
訳　者　上田勢子
発行者　中川　進
発行所　株式会社 大月書店
　　　　〒113-0033　東京都文京区本郷2-11-9
　　　　電話(代表)03-3813-4651　FAX 03-3813-4656
　　　　振替00130-7-16387
　　　　http://www.otsukishoten.co.jp/
本文DTP　明昌堂
印　刷　光陽メディア
製　本　ブロケード

©Seiko Uyeda & Japan Alliance for LGBT Legislation　2017

定価はカバーに表示してあります
本書の内容の一部あるいは全部を無断で複写複製（コピー）することは法律で認められた場合を除き、著作者および出版社の権利の侵害となりますので、その場合にはあらかじめ小社あて許諾を求めてください

ISBN978-4-272-40711-8　C8336　Printed in Japan